SIMÓN BOLÍVAR

Alberto Silva Aristeguieta

CONTENIDO

PRÓLOGO

Se han escrito muchas biografías de Simón Bolívar, algunas de ellas muy buenas. Este hecho hace necesario justificar la idea de publicar otra biografía sobre este gran personaje.

Aunque se escribió mucho sobre Bolívar desde poco después de su muerte, no fue hasta 1948 que el historiador germano- americano Gerhard Masur publicó la primera buena biografía de este personaje. En la segunda mitad del siglo XX se publicaron al menos otras tres buenas biografías de Bolívar, las del venezolano Augusto Mijares, el español Salvador de Madariaga y el colombiano Indalecio Liévano Aguirre, esta última considerada la mejor de las tres. Aunque todas ellas fueron excelentes estudios sobre la vida de Bolívar, no tomaron en cuenta, como es lógico, las investigaciones posteriores que se hicieron sobre este tema.

En este siglo se han publicado también muy buenas biografías de Bolívar, sobresaliendo las del inglés John Lynch, el estadounidense David Bushnell y el venezolano Elías Pino Iturrieta. La obra de Lynch es posiblemente la mejor de las tres y quizás la mejor biografía de Bolívar que se ha escrito. Aunque la investigación sobre la vida de Bolívar no cesa, se puede decir que con estas tres biografías se ha llegado a un conocimiento bastante completo de la actuación del Libertador. Sin embargo, estas obras se caracterizan por ser relativamente extensas y por estar escritas con un estilo muy académico, propio de historiadores profesionales que tratan de explicar las razones detrás de cada hecho de la vida de Bolívar y justificar cada opinión que emiten. Como ha afirmado un destacado historiador venezolano, un historiador no está para echar el cuento sino para realizar un análisis crítico de los procesos históricos. Si bien no hay nada de malo en esto, el resultado -al menos en el caso de las biografías- es que estas se hacen relativamente poco accesibles y amenas para el público general, en el cual me incluyo.

Quizás sea un atrevimiento de mi parte decir que puedo escribir una biografía de Bolívar más accesible y amena que la de esos buenos historiadores, pero eso es lo que intento hacer en este breve libro, en el que me aprovecho mucho de todos esos trabajos previos y simplemente trato de presentar algo más sencillo y fácil de leer. Escribo más que todo para mí mismo, tratando de extraer lo más importante que se sabe sobre la vida de Bolívar, y con la pretensión de que quizás le pueda ser útil a algún lector.

CAPÍTULO 1.   LA INFANCIA Y LA FORMACIÓN INICIAL (1783-1799)

BOLÍVAR NACE EN CARACAS

Simón Bolívar nació en Caracas el 24 de julio de 1783. Apenas siete años antes se había creado la provincia de Venezuela, integrando las hasta entonces provincias separadas de Venezuela, Cumaná, Guayana, Maracaibo y Mérida y las islas de Trinidad y Margarita, designándose a Caracas como la capital de la nueva provincia, cuya población se estimaba entre 700.000 y 800.000 habitantes, de los cuales aproximadamente la mitad eran pardos o mestizos, producto de la mezcla entre europeos, indígenas y esclavos africanos. En 1783, el gobernador o Capitán General de Venezuela era el brigadier español Manuel González de Aguilar.

Caracas era entonces una ciudad pequeña, de iglesias, de altares y procesiones. La religión católica dominaba la vida de esta ciudad, caracterizada también por cierta prosperidad económica, basada sobre todo en la exportación de cacao, de la cual se beneficiaban principalmente los mantuanos o clase social más alta, aparte de la corona española. La Real Compañía Guipuzcoana de Caracas, creada en 1728, tenía el monopolio del comercio exterior de Venezuela, incluyendo por supuesto la exportación de cacao. Pero la economía colonial suponía la esclavitud y una acentuada división social. Para sustentar la producción de cacao, se habían traído numerosos esclavos africanos, que representaban alrededor de 10 % de la población, repartidos en distintas zonas de la provincia.

La guerra de independencia de Estados Unidos estaba concluyendo cuando nació Bolívar y en Francia ya circulaban las ideas que conducirían unos seis años después a la revolución en ese país, pero todavía en Venezuela no se pensaba ni remotamente en independizarse de España, aunque ya se habían producido algunos movimientos en contra de la Compañía Guipuzcoana, entre los que destacaron la revuelta de Juan Francisco de León, en Barlovento, en 1749, y la insurrección de los comuneros de los Andes, en 1781, en protesta por el alza de los impuestos que les imponía el gobierno español y las duras condiciones de vida a que era sometida la mayoría popular.

SUS PADRES

Los padres de Simón Bolívar fueron el coronel don Juan Vicente de Bolívar y Ponte y doña María de la Concepción Palacios y Blanco.

Juan Vicente Bolívar y María de la Concepción Palacios pertenecían a dos de las familias principales de la sociedad venezolana de la época, fundadas unos dos siglos atrás por hidalgos españoles que llegaron a Venezuela como parte de los esfuerzos de colonización.

El primer Bolívar que llegó al continente americano, en 1559, fue conocido como Simón Bolívar "El Viejo", nacido en la puebla de Bolívar en Vizcaya. Simón "El Viejo" vivió primero en Santo Domingo y se trasladó a Caracas en 1588, contratado como secretario y luego Procurador de la provincia.

Por su parte, el primer Palacios que llegó a Venezuela fue José Palacios Sojo Ortiz de Zarate, nacido en 1647 en Miranda del Ebro, en Burgos, quien se casó en 1674, en Caracas, con su prima Juana Teresa Palacios y Sojo, y fallecida esta se casó entonces con Isabel María Gedler y Rivilla. Por esta rama materna, debido al enlace matrimonial de uno de los descendientes de José Palacios, se podía llegar hasta el capitán Francisco Infante, uno de los compañeros de Diego de Losada en la fundación de Caracas, en 1567.

SUS HERMANOS

Los hermanos mayores de Simón Bolívar eran María Antonia, Juana y Juan Vicente. Cuando nació Simón, María Antonia tenía seis años, Juana cuatro y Juan Vicente dos. Una hermana menor, María del Carmen, murió al nacer, en 1785.

EL HUÉRFANO

Cuando nació Simón, su madre, por quebrantos de salud, lo puso al cuidado de una nodriza, la negra Hipólita, nacida en San Mateo unos veinte años antes, a quien siempre reconoció como su verdadera madre. Dionisio, un hijo de Hipólita y de la misma edad de Simón, fue su compañero de juegos cuando niño y posteriormente seria sargento del ejército libertador.

Bolívar tuvo una infancia con todas las comodidades de una familia rica, entre su casa en Caracas y la hacienda de la familia en San Mateo, pero sufrió la pérdida de su padre cuando apenas tenía dos años y la de su madre poco después de cumplir los nueve. Los dos murieron víctimas de la tuberculosis.

Tenemos entonces que Bolívar, siendo todavía un niño, se quedó completamente huérfano. Por voluntad de su madre pasó al cuidado de su abuelo, Feliciano Palacios, pero este murió poco después y Bolívar fue sometido entonces a la tutela de su tío Carlos Palacios y Blanco, con quien nunca se logró entender. Carlos Palacios ha sido descrito como un hombre huraño, aristócrata y orgulloso de la clase social a la que pertenecía, así como interesado en apoderarse de los bienes de la familia Bolívar.

LOS TUTORES

Poco después de cumplir los doce años y frustrado por el mal trato de su tío, Bolívar se fugó y trató de irse a vivir con su hermana María Antonia y Pablo Clemente, el esposo de esta, pero Carlos Palacios no lo permitió y designó a Simón Rodríguez como su tutor.

Bolívar se fue entonces a vivir en la casa de Simón Rodríguez, donde funcionaba su Escuela de Lectura y Escritura para Niños. Bolívar se sintió a gusto con este maestro y años más tarde comentó que enseñaba divirtiendo.

Simón Rodríguez era un educador adelantado para su época, que trataba de romper con las rigideces del sistema educativo colonial español. Uno de sus autores favoritos era Jean Jacques Rousseau, un filósofo suizo que murió poco antes de nacer Bolívar. Rousseau creía que la mejor época del hombre había sido en su estado primitivo, imbuido en la naturaleza, sugirió un contrato social para legitimar la autoridad del Estado sobre el individuo y propuso que el objetivo de la educación debía ser ayudar a los niños a razonar y a desarrollar virtudes morales. El pensamiento educativo de Rousseau incluía el aprendizaje de habilidades manuales, como la carpintería, idea que suscribió Simón Rodríguez y puso en práctica en su escuela.

La influencia de Simón Rodríguez sobre Bolívar, aunque la tuvo, quizás ha sido exagerada por algunos historiadores. Bolívar tuvo también otros tutores, entre ellos Andrés Bello, apenas un poco mayor que él, quien andando el tiempo destacaría como un gran educador y gramático en Chile, donde es recordado con gran aprecio.

La formación inicial de Bolívar incluyó, aparte de las ideas de Simón Rodríguez, nociones de gramática y escritura, matemáticas, música, historia, geografía y religión.

LA INSTRUCCIÓN MILITAR

Cuando Bolívar tenía trece años, Simón Rodríguez tuvo que huir de Venezuela, acusado de participar en una conspiración contra el gobierno español en Caracas.

Bolívar ingresó entonces, el 14 de enero de 1797, como cadete en el Batallón de Milicias de Blancos de los Valles de Aragua, del cual había sido coronel años atrás su propio padre.

Año y medio después, poco antes de cumplir los quince años, Bolívar recibió el grado de subteniente. Fue apenas el séptimo, en orden de calificaciones, entre los nueve miembros de su promoción. La instrucción militar que recibió Bolívar fue muy limitada, orientada a incorporar de modo inmediato a los cadetes al servicio regular de la oficialidad, postergando a un segundo lugar la educación científico- técnica, de la que además carecían sus instructores. En las escuelas militares de la época, la formación incluía principalmente estudios de matemáticas, fortificación, geografía y táctica, aparte del aprendizaje del manejo de armas, la dirección de tropas y el ceremonial militar, así como los ejercicios de caballería. Afortunadamente para Bolívar, la formación que recibió de sus tutores compensó en alguna medida las limitaciones de su instrucción militar.

SU TÍO DECIDE ENVIARLO A MADRID

Unos meses después de haberse graduado de subteniente, a comienzos de 1799, su tío Carlos Palacios consideró necesario que ampliase su formación en Europa y decidió enviarlo a Madrid, donde vivían los hermanos de este, Esteban y Pedro.

En el viaje a España, el barco en el que iba Bolívar hizo una escala en Veracruz, para cargar plata mexicana, oportunidad que fue aprovechada por Bolívar para visitar la Ciudad de México.

.

CAPÍTULO 2. LA JUVENTUD Y EL MATRIMONIO (1799- 1807)

UN CRIOLLO EN MADRID

Todavía un adolescente de apenas quince años, Simón Bolívar llegó a Madrid para ampliar su formación. Ya tenía instrucción militar básica y había adquirido de sus tutores una cultura general incipiente, pero no había salido de Venezuela y solo tenía ideas muy generales sobre la vida en Europa.

En 1799, Madrid ya contaba con muchos de los edificios de la época que hoy se pueden observar en la ciudad, entre ellos el Palacio Real y varias de sus iglesias y conventos más importantes, así como la Puerta de Alcalá, el parque del Retiro, el Museo del Prado y el Hospital General (hoy día sede del Museo Nacional Centro de Arte Reina Sofia). La Plaza Mayor se encontraba en proceso de remodelación, iniciada en 1790.

Carlos IV reinaba desde 1788. Estaba casado con la italiana María Luisa de Parma, de quien se decía que fue amante del secretario de Estado, Manuel Godoy, y también del neogranadino Manuel Mallo, guardia personal de la reina. Manuel Mallo se había criado en Caracas y era amigo de los Palacios y Blanco, tíos de Bolívar, particularmente de Esteban. Estos tíos de

Bolívar vivían en una casa perteneciente a Mallo y Bolívar se alojó con ellos en esa casa hasta que Mallo perdió el aprecio de la reina y cayó en desgracia. Esteban Palacios seria luego desterrado de Madrid, por intrigas de la Corte.

LA TUTORÍA DEL MARQUES DE USTARIZ

El marqués Jerónimo de Ustáriz y Tovar, un venezolano con muchos años en Madrid, ocupó cargos de importancia en el gobierno español. Cuando lo conoció Bolívar, era Ministro del Consejo de Guerra, cargo que desempeñaba desde 1795.

El marqués de Ustáriz simpatizó con Bolívar y se convirtió en su protector, recomendándole la lectura de pensadores políticos importantes como Locke, Montesquieu y Voltaire e instruyéndolo sobre la política europea del momento. Bolívar tuvo siempre un gran aprecio por él y lo consideró su mejor maestro y un gran amigo. El marqués de Ustáriz fue casi como un padre para él, reemplazando la figura de su verdadero padre, a quien prácticamente no conoció.

Por esos vaivenes de las cortes, quizás por enemistad con Manuel Godoy, el marqués de Ustáriz fue separado en 1801 de su cargo de Ministro del Consejo de Guerra y enviado a Teruel, en las montañas de Aragón, como Ministro en Comisión, lo que produjo la separación entre él y Bolívar.

EL MATRIMONIO

Un poco después de haber cumplido tres años de estadía en Madrid, el 26 de mayo de 1802, cuando todavía no había cumplido los diecinueve años, Bolívar se casó con María Teresa Rodríguez del Toro y Alayza, una joven casi dos años mayor que él, a quien había conocido en la casa del marqués de Ustáriz. María Teresa era la única hija de Bernardo Rodríguez del Toro, un venezolano de origen canario, que era hermano del tercer marqués del Toro.

Se especula que Bernardo Rodríguez del Toro prefería que su hija se casase con un noble español, pero luego cedió ante la posibilidad de beneficiarse de los bienes de Bolívar. Sea esto cierto o no, luego del matrimonio los abogados de Bolívar le entregaron a Bernardo Rodríguez del Toro una décima parte de la fortuna de Bolívar.

Por lo demás, el matrimonio le permitió a Bolívar recibir el mayorazgo o herencia que le había dejado su primo, el sacerdote Félix Jerez de Aristeguieta y Bolívar, con la condición de que solo podía disfrutar de esos bienes después que se casara.

LOS RECIÉN CASADOS SE VAN A VENEZUELA

Al casarse, Simón y María Teresa, luego de una breve estancia en La Coruña, se fueron a vivir a Venezuela, primero -por un corto tiempo- en la Casa del Vinculo, en una esquina de la actual Plaza Bolívar de Caracas, y luego en la hacienda de la familia Bolívar en San Mateo.

No habían cumplido un año de su matrimonio cuando María Teresa cayó enferma en San Mateo de fiebre amarilla, aunque algunos autores han afirmado que era paludismo. Fue trasladada a Caracas para proporcionarle la poca asistencia médica que podía recibir en esa época, pero allí murió el 22 de enero de 1803.

María Teresa tenía apenas 21 años cuando murió y Bolívar 19. Bolívar juró que nunca más volvería a casarse y lo cumplió, a pesar de que tuvo luego varias amantes.

EL VIUDO SE DEVUELVE A EUROPA

La muerte de María Teresa fue, sin duda, un gran golpe para Bolívar. Su proyecto de vivir como un rico hacendado en su país, acompañado por su esposa, se vio trastocado. Viudo y todavía muy joven, sin saber que hacer en Venezuela, Bolívar decidió regresar a Europa, quizás para cambiar de aires y tratar de superar la pérdida de María Teresa.

Bolívar inició su viaje a Europa en octubre de 1803, unos nueve meses después de la muerte de su esposa, y se quedó en Madrid hasta agosto de 1804. Luego se marchó a París, donde estableció relación con su prima segunda Fanny Troubiand Aristeguieta, casada con el conde Du Villars, un oficial de la corte de Napoleón. Bolívar tuvo un romance con su prima y, en las reuniones organizadas por ella, conoció al sabio alemán Alejandro de Humboldt, quien acababa de regresar de su viaje por Hispanoamérica, y se reencontró con su maestro Simón Rodríguez. El romance con su prima Fanny du Villars tuvo que interrumpirse, posiblemente por las presiones de su esposo, y se dice que Bolívar llevó una vida algo licenciosa en Paris, incluso frecuentando algunos prostíbulos, lo que le trajo no pocos inconvenientes.

Con Simón Rodríguez asistió a la coronación de Napoleón el 2 de diciembre de 1804 y en 1805 viajó a Italia con él y con su amigo Fernando del Toro. El 15 de agosto de ese año se dice que juró, en el Monte Sacro de Roma, luchar por la independencia de su país; sin embargo, ese juramento -o al menos las palabras que se supone que pronunció- ha sido puesto en duda por varios historiadores.

En 1806 tuvo lugar la fracasada expedición dirigida por Francisco de Miranda para independizar a Venezuela. Ese intento no tuvo ninguna acogida en

Venezuela y fue más bien repudiado por la clase criolla dirigente. Tampoco Bolívar mostró ningún interés por esas acciones, si es que se enteró de ellas.

EL REGRESO A VENEZUELA

A fines de 1806 Bolívar regresó a Venezuela, desde Hamburgo, pero pasando antes por Estados Unidos.

Se conoce poco sobre su paso por Estados Unidos, pero se cree que su puerto de entrada fue Charleston, en Carolina del Sur, y que luego aprovechó para visitar Washington, Nueva York, Boston y Filadelfia, saliendo de esta última ciudad para La Guaira, adonde llegó en junio de 1807.

CAPÍTULO 3. LOS INICIOS DE LA GUERRA DE INDEPENDENCIA (1808-1812)

NAPOLEÓN INVADE ESPAÑA

Como parte de su proyecto de convertirse en emperador de toda Europa, Napoleón ordenó la invasión de España en febrero de 1808, con el pretexto de reforzar el ejercito franco- español que ocupaba Portugal. El rey Carlos IV se vio obligado a abdicar a favor de su hijo Fernando, quien asumió el cargo como Fernando VII. Sin embargo, Napoleón no lo reconoció como rey y designó en su lugar a su hermano José, que se convirtió entonces en el rey José I de España. Carlos IV, su hijo Fernando y el resto de la familia real fueron trasladados a Bayona, en el suroeste de Francia.

Estos sucesos tuvieron inmediata repercusión en toda Hispanoamérica y muy pronto comenzaron a despertarse las intenciones de aprovechar esas circunstancias para independizarse de España, aunque buena parte de los criollos ricos veían con mucho recelo esa idea y las clases populares, por su parte, estaban ajenas a ese debate.

Bolívar comenzó gradualmente a interesarse en la causa independista y se dice que logró convencer a su hermano Juan Vicente para apoyar esta causa, pero era visto todavía como muy joven por los dirigentes criollos que lideraron inicialmente el movimiento de independencia. Entre ellos estaban, como miembros de la Junta Suprema de Caracas, el marqués del Toro, que era veintiún años mayor que él, Juan Germán Roscio veinte, el canónigo José Cortes de Madariaga diecisiete, Lino de Clemente quince y Martin Tovar Ponte nueve.

LOS ACONTECIMIENTOS DE 1810

El 19 de abril de 1810, el Capitán General Vicente Emparan, designado por José I de España, fue obligado a renunciar por la presión pública caraqueña. La Junta Suprema de Caracas asumió entonces el gobierno de la Capitanía General de Venezuela.

Una de las primeras decisiones de la Junta, tras recibir el respaldo de las seis provincias que componían a la provincia de Venezuela, fue la de designar varias misiones diplomáticas al extranjero para solicitar apoyo a la revolución. A Londres fueron enviados Simón Bolívar, Andrés Bello y Luis López Méndez. López Méndez era un abogado y diplomático de 52 años, pero Bello tenía 28 y Bolívar, que era el jefe de la misión, cumplió 27 en el viaje. La Junta ascendió a Bolívar a coronel, quizás para que pudiese presentar mejores credenciales en

Inglaterra. En una de las otras misiones, la que se envió a Estados Unidos, fue Juan Vicente, el hermano mayor de Bolívar, quien lamentablemente murió ahogado cuando el barco en el que regresaba a Caracas naufragó cerca de las islas Bermudas.

LAS GESTIONES EN LONDRES

Bolívar y sus compañeros de misión llegaron el 10 de julio de 1810 al puerto de Portsmouth, pero no fueron bien recibidos en Londres, pues en ese tiempo Inglaterra trataba de forjar una alianza con España ante el peligro que representaba Napoleón.

Si bien el objetivo principal de la misión no se logró, pues apenas fueron recibidos en audiencias privadas por el marqués de Wellesley, ministro de Asuntos Exteriores, Bolívar pudo conocer el 14 de julio a Francisco de Miranda, quien había fracasado en 1806 en un intento de liberar a Venezuela, pero que gozaba de mucha reputación como militar y veterano de guerras en diversas partes del mundo. A pesar de que no había ninguna posibilidad de éxito en las gestiones de la misión venezolana, Miranda se convirtió en su guía, intermediario y consejero. Bolívar sintió mucha admiración por él y lo convenció para ir a Venezuela como jefe militar de la revolución.

A pesar del rechazo que había tenido unos cinco

años antes, Miranda fue bien recibido en Venezuela y la Junta Suprema de Caracas le confirió el grado de Teniente General de los Ejércitos.

Ni Miranda ni Bolívar llegaron a pertenecer a la Junta Suprema de Caracas, pero si a la Sociedad Patriótica, que había sido fundada por Juan German Roscio mientras ellos se reunían en Londres.

A partir de enero de 1811, Bolívar, junto con Antonio Muñoz Tébar y Vicente Salias, patrocinó el periódico El Patriota de Venezuela, órgano de la Sociedad Patriótica, con el objeto de atraer a los criollos que todavía no eran partidarios de la independencia.

LA DECLARACIÓN DE INDEPENDENCIA

El 5 de julio de 1811, poco antes de cumplir Bolívar 28 años, el Congreso venezolano declaró la independencia. Este acto representó una declaración de guerra a España, aunque esta no envió tropas a Venezuela sino unos ocho meses después.

La Constitución de 1811 fue sancionada el 21 de diciembre de ese año, pero tanto Miranda como Bolívar consideraron que su espíritu federal, inspirado en la Constitución de los Estados Unidos, no se adaptaba a la realidad venezolana. Bolívar se mantuvo firme en esa posición durante todo el resto de su vida.

EL TERREMOTO DE 1812

El 26 de marzo de 1812, un violento terremoto sacudió la región central de Venezuela y murieron unas 10.000 personas. El comandante español Domingo de Monteverde, quien había sido enviado al país para sofocar la rebelión, se movió con rapidez y logró el apoyo de la gente que, incitada por los curas, culpaba al movimiento de independencia del terremoto.

Se ha escrito que Bolívar, ante la violencia del terremoto, proclamó que lucharían contra la naturaleza y harían que los obedeciese, pero esto, al igual que el juramento del Monte Sacro, parece un mito inventado por algunos autores que han exagerado el culto a Bolívar.

LA PERDIDA DEL FUERTE DE PUERTO CABELLO

Miranda le encargó a Bolívar la defensa de la fortaleza de San Felipe, en Puerto Cabello, un lugar estratégico importante para los revolucionarios y donde se encontraban un gran parque de armas y numerosos prisioneros realistas. Lamentablemente, Bolívar fracasó en la defensa de la fortaleza, debido a la traición de un oficial subalterno, quien armó a los prisioneros españoles, abandonándola el 30 de junio de 1812. Asumió su responsabilidad en la derrota, pero se deterioró su relación con Miranda, por considerar que este no había enviado tropas en su auxilio a pesar de habérselo solicitado.

LA CAÍDA DE LA PRIMERA REPÚBLICA

Los sucesos de Puerto Cabello fueron mortales para la incipiente república y de inmediato comenzó la deserción de la tropa, así como de oficiales y algunos notables, quienes culpaban a Miranda del fracaso militar. A pesar de contar todavía con más soldados que Monteverde, Miranda no se decidió a atacarlo, sobre todo porque consideraba que no contaba con un verdadero ejército, y los realistas fueron ganando terreno. La situación se hizo insostenible para el bando patriota y Miranda decidió capitular ante Monteverde el 24 de julio de 1812, por casualidad el día que Bolívar cumplía 29 años.

La capitulación de Miranda significó la caída de la primera república venezolana, constituida apenas un año antes, y fue vista como una traición por los jefes patriotas. Cuando Miranda se disponía a embarcarse en el puerto de La Guaira, para regresar a Europa, fue entregado a Monteverde por varios oficiales patriotas, Bolívar entre ellos. Se dice que Bolívar propuso fusilar a Miranda, pero sus compañeros lo convencieron de que era mejor entregarlo.

La detención de Miranda por parte de Bolívar y otros jefes patriotas y su posterior entrega a los españoles ha sido considerada por algunos como una traición y por otros como un acto de justicia. Lo cierto es que el hecho despertó mucha polémica, que todavía sigue dando de qué hablar. Hasta se ha llegado a pensar que Bolívar entregó a Miranda para salvarse él mismo, pues de otra manera no hubiese obtenido pasaporte de Monteverde para poder salir del país, pero estas conjeturas, aunque verosímiles, no dejan de ser especulaciones.

Lo cierto es que después de la entrega de Miranda, Bolívar obtuvo el pasaporte y se fue a Curazao y de allí a Cartagena, en Nueva Granada, la actual Colombia, adonde llegó en octubre de 1812, poniéndose a la orden de las autoridades revolucionarias locales, quienes lo ascendieron a general de brigada. Mientras tanto, Monteverde acometió de una manera salvaje contra los patriotas venezolanos, realizando asesinatos, ultrajes y maltratos de todo tipo.

El 15 de diciembre de 1812, Bolívar publicó su "Memoria dirigida a los ciudadanos de Nueva Granada por un caraqueño", más conocida como "Manifiesto de Cartagena". En ese documento Bolívar señaló las que eran, para él, las causas de la pérdida de la Primera República, entre las que incluyó las debilidades del gobierno que la presidia, los desacuerdos entre los miembros de la clase social dirigente, el terremoto de 1812 y la acción y prédica de la Iglesia Católica en contra de la independencia. Aunque no nombró a Miranda en ese documento, si hizo referencia a la oposición al establecimiento de un cuerpo militar que salvase la República. Pero Bolívar no se quedó en lamentaciones, sino que propuso formar un ejército para liberar a Venezuela. El Manifiesto de Cartagena fue la primera oportunidad para Bolívar de expresar sus ideas políticas, que, aunque luego fueron expresadas de manera diferente de acuerdo con las circunstancias, resultaron extraordinariamente consistentes a lo largo de su vida.

CAPÍTULO 4.   LOS FRACASOS Y LOS EXILIOS (1813- 1818)

LA CAMPAÑA ADMIRABLE

Bolívar no perdió el tiempo en Nueva Granada y actuando en buena medida en contra de sus superiores militares, que lo habían acogido en sus filas, logró reunir entre 300 y 700 hombres, con los que invadió Venezuela, a partir de mayo de 1813, en la llamada "Campaña Admirable".

Bolívar venció a los españoles en algunas batallas en los Andes venezolanos y el 15 de junio de 1813, en Trujillo, proclamó la Guerra a Muerte contra las españoles y canarios que no se hubiesen pasado a la causa emancipadora.

Monteverde fue derrotado y tuvo que regresar a España. Bolívar, entonces, pudo marchar victorioso hasta Caracas, donde el 6 de agosto de 1813, cuando acababa de cumplir 30 años, es decir un año después de la capitulación de Miranda, fue nombrado Libertador de Venezuela y recibió el encargo de dirigir, con plenos poderes, la guerra de independencia.

Entre las bellas jóvenes que rindieron honores a Bolívar en Caracas estaba Josefina "Pepita" Machado, quien sería su amante, aunque de manera interrumpida, hasta 1819.

El general patriota Santiago Mariño, nacido en Margarita y cinco años menor que él, le propuso a Bolívar, en diciembre de 1813, establecer una jefatura del ejército en Oriente y otra en Occidente, pensando en la primera para él y en la otra para Bolívar. Bolívar no estuvo de acuerdo y mantuvo su tesis de una jefatura única. Allí comenzaron los problemas entre ellos, que terminarían con la ruptura definitiva en 1817.

Bolívar logró algunas victorias contra los españoles, entre ellas la primera batalla de Carabobo, pero las cosas cambiaron cuando entró en escena el español José Tomas Boves.

BOVES ARRASA CON TODO

Boves, quien había comenzado a pelear en las filas realistas en 1812, bajo el mando de Monteverde, desconoció en 1813 la autoridad del capitán general español Juan Manuel Cajigal, nombrado para reemplazar a Monteverde, y llegó a comandar más de siete mil hombres, la mayoría llaneros, con los que fue tomando diversas ciudades, entrando en Caracas el 8 de julio de 1814 y siguiendo hacia el Oriente para perseguir a los partidarios de la revolución que habían huido hacia allá. Sin embargo, su obsesión no era más racial que política; lo que quería era exterminar a los blancos, fuesen hombres, mujeres o niños.

Boves murió en la batalla de Urica, el 5 de diciembre de 1814, pero ya había acabado con lo que se ha dado en llamar la segunda república de Venezuela, también de muy corta duración. Cuando terminó el año 1814, los patriotas solo dominaban la isla de Margarita y algunas porciones de los llanos.

BOLÍVAR VUELVE A NUEVA GRANADA

Antes de la muerte de Boves, en septiembre de 1814, Bolívar decidió regresar a Nueva Granada, donde se le encargó controlar a un grupo separatista de Bogotá. Tuvo éxito en esa misión y trató luego de encontrar apoyo en Cartagena para recuperar a Santa Marta, pero no logró convencer a los revolucionarios para unirse con ese objetivo.

En ese tiempo visitó a las hermanas Ibáñez, que vivían en Ocaña, a quienes conocía desde 1813, y -a pesar de su relación con Pepita Machado- se enamoró de Bernardina, la menor de las hermanas, de quien se decía que era la mujer más bella e inteligente de Colombia. Sin embargo, no está muy claro que Bernardina, a quien Bolívar calificó de melindrosa, estuviese enamorada de él. Todo indica que desconfiaba de las intenciones y de la fidelidad de Bolívar y prefirió aceptar las proposiciones del coronel venezolano Ambrosio Plaza, con quien se casó en 1821. Nicolasa, hermana mayor de Bernardina, fue luego amante de Santander, a pesar de estar casada.

LA CARTA DE JAMAICA

Ante la discordia que encontró en Cartagena y la noticia de que una gran fuerza militar española había llegado a Venezuela, comandada por el teniente general Pablo Morillo, Bolívar se fue para Jamaica en mayo de 1815, desorientado pero consciente de la necesidad de reorganizar la lucha en su país.

En Jamaica, donde logró evadir un intento de asesinato, Bolívar publicó uno de sus mejores trabajos, la "Contestación de un americano meridional a un caballero de esta isla", conocida como la "Carta de Jamaica".

En la Carta de Jamaica, Bolívar demostró una vez más su buen estilo como escritor y compartió su visión para la América hispana, sugirió el tipo de gobierno que debía establecerse en las regiones que se liberasen, se mostró partidario de adoptar un sistema político similar al británico, pero sin rey, con un gobierno central fuerte y un senado hereditario, y trató de lograr el apoyo de Inglaterra para la lucha de independencia. En esa carta esbozó también las dificultades que veía para la integración de

Hispanoamérica.

La Carta de Jamaica no tuvo prácticamente ninguna influencia en el movimiento de independencia, pues fue publicada inicialmente en inglés y su traducción al español no tuvo lugar sino después de la muerte de Bolívar, pero es un documento sumamente valioso para conocer el pensamiento político del Libertador.

DE JAMAICA SE VA PARA HAITÍ

Bolívar continuó su exilio en Haití, adonde llegó a fines de 1815, consiguiendo luego el apoyo del presidente Alejandro Petion. En enero de 1804 Haití había logrado su independencia de Francia y en 1806 se estableció la primera república de Haití, con Petion como su primer presidente. Petion concedió a Bolívar armas y dinero para seguir con su lucha.

OTRA VEZ EN VENEZUELA

Con los recursos que recibió en Haití, Bolívar regresó en 1816 a Venezuela, acompañado de los principales generales orientales, no sin antes reencontrarse brevemente con Pepita Machado, a quien hizo venir desde Puerto Rico, donde se encontraba exiliada.

Entre junio y julio de 1816, desde su cuartel en Carúpano, Bolívar proclamó la libertad absoluta de los esclavos que se acogiesen a la causa de la independencia, posiblemente algo que había convenido con Petion a cambio de la ayuda que este le prestó. Los realistas imitaron ese gesto y también garantizaron la libertad de los esclavos que se sumasen a su bando, pero realmente no fueron muchos los esclavos que consideraron conveniente hacerse libres a cambio de participar en la guerra.

Bolívar fue de Carúpano a Ocumare de La Costa, para penetrar desde allí al centro del país, pero se encontró el 5 de julio de ese año sin refuerzos en la playa, debido a una mala coordinación de la operación.

Bolívar se enfrentó en varias batallas a los españoles, algunas dirigidas por él y otras por José Antonio Páez, quien destacaba como líder de los llaneros después de la muerte de Boves, ahora movilizándolos hacia la causa patriota. El mismo Páez había comenzado a pelear en las filas realistas y luego se cambió de bando de manera definitiva.

Bolívar se asentó en 1817 en Angostura, a orillas del rio Orinoco. Allí estableció su cuartel general. Varios generales orientales, encabezados por Mariño, se rebelaron contra su autoridad. El 16 de octubre de 1817, en otro hecho controversial en la vida de Bolívar, el general patriota Manuel Piar fue fusilado, luego de haber sido juzgado por insurrección e incitación a una guerra racial. A pesar de ser una decisión muy difícil para Bolívar, la ejecución de Piar significó el fin de la rebelión contra su autoridad.

Aunque Bolívar logró algunos triunfos contra los realistas, apoyado en las huestes llaneras de Páez, a quien conoció el 30 de enero de 1818, la lucha no era fácil, a pesar de haber recibido refuerzos británicos, reclutados en Londres por López Méndez, en esa época un "viejo" de 60 años. En 1818 Venezuela siguió bajo el dominio de Pablo Morillo, llamado El Pacificador, líder de las fuerzas españolas en Venezuela y Nueva Granada.

CAPÍTULO 5. LA INDEPENDENCIA DE COLOMBIA Y VENEZUELA (1819-1821)

EL CONGRESO DE ANGOSTURA

En febrero de 1819, se convocó el Congreso de Angostura con el objeto de elaborar una Constitución para el gobierno de la tercera república. El Congreso eligió a Bolívar como presidente y a Francisco Antonio Zea como vicepresidente. Zea era un botánico y político neogranadino, nacido en Medellín, de padres españoles, y tuvo que soportar el rechazo por parte de algunos militares venezolanos, que no querían ser comandados por un civil y tampoco por un neogranadino. Sin embargo, Bolívar lo mantuvo en su cargo; quizás precisamente porque necesitaba alguien como él, para que su gobierno no fuese visto como exclusivamente militar y venezolano.

Bolívar expresó su plan en ese Congreso de Angostura: liberar primero a Nueva Granada, luego a Venezuela y, a partir de allí, a otras naciones de Suramérica. Manifestó también sus ideas sobre la constitución que, según él, convenia más a la república. Su proyecto revelaba, como es natural, su pensamiento político. Era un demócrata, pero jerárquico y autoritario. Creía en la nación, pero no en las masas.

Mientras tanto, Pepita Machado se encontraba en Saint Thomas y Bolívar le pidió a su sobrino Leandro Palacios que la hiciese venir a Angostura. No se conoce con precisión si Pepita logró reunirse con Bolívar en Angostura, pues se cree que cuando llegó a esa ciudad ya Bolívar se había marchado y ella murió, a causa de la tuberculosis, cuando viajaba a Nueva Granada siguiéndolo a él.

BOLÍVAR ATRAVIESA LOS ANDES CON SUS TROPAS

El 26 de mayo de 1819, un ejército de 2.500 rebeldes, al mando de Bolívar, comenzó a recorrer los llanos venezolanos en dirección hacia Nueva Granada. El 25 de junio comenzaron a subir los Andes, hasta una altura de casi 4.000 m, en el páramo de Pisba. El ascenso resultó muy duro para las tropas, como era de esperar, y unos 1.000 rebeldes murieron en el camino. Sin embargo, bajaron luego de las montañas, llegando al departamento de Boyacá por donde nadie se lo esperaba.

LAS BATALLAS DE PANTANO DE VARGAS Y BOYACÁ

El 25 de julio, luego de reponer fuerzas y conseguir

más soldados, libraron la batalla de Pantano de Vargas, cerca de Paipa, resultando victoriosos luego de una ardua lucha.

El 7 de agosto se enfrentaron a los españoles en la batalla de Boyacá, que resultó en una rotunda victoria para los patriotas. La mayoría de los soldados españoles se rindieron y los demás murieron o huyeron.

El triunfo de Boyacá significó para Bolívar el punto de quiebre hacia lo que quería lograr; a partir de allí el balance de sus victorias en combate sería muy favorable para él. De Boyacá se dirigió a Bogotá y pronto regresó a Angostura, para continuar con su plan.

En la campaña de 1819, la llamada Legión Británica tuvo un rol determinante en los éxitos de Bolívar, al punto de que este comentó que el verdadero Libertador fue Luis López Méndez, quien los reclutó en Inglaterra.

BOLÍVAR EN BOGOTÁ

Tres días después del triunfo en Boyacá, el 10 de agosto de 1819, Bolívar entro en Bogotá y comenzó a organizar la república de Colombia, producto de la integración de las provincias de Nueva Granada y Venezuela. El 17 de diciembre de 1819 se estableció la nueva república, con Bolívar como presidente,

Francisco Antonio Zea como vicepresidente, Francisco de Paula Santander vicepresidente de Nueva Granada y Juan Germán Roscio vicepresidente de Venezuela. Aunque algunos historiadores venezolanos han utilizado la denominación "Gran Colombia" para referirse a la nueva nación y la utilizaremos también en este trabajo, lo cierto es que esta denominación nunca apareció en ninguna parte y siempre se habló simplemente de Colombia.

EL ARMISTICIO DE SANTA ANA

Temprano en 1820 las cosas comenzaron a cambiar en España; una revuelta, encabezada por el comandante Rafael de Riego, había logrado hacer prisionero a Fernando VII. Este tuvo que acceder a implementar algunas reformas liberales, que limitaron el poder de la monarquía y desmoralizaron a las tropas españolas que peleaban en América. Morillo recibió instrucciones, en junio de 1820, de suspender la guerra y buscar un armisticio. Bolívar, por supuesto, recibió con beneplácito esa noticia, mientras penetraba desde Cúcuta en el occidente venezolano, dominando a Mérida y Trujillo.

Los dos jefes militares se encontraron el 25 de noviembre de ese año en Santa Ana, en Trujillo, y acordaron allí un armisticio de seis meses. Además, Bolívar fue reconocido como presidente de Colombia. Después del encuentro con Bolívar,

Morillo regresó a España y dejó encargado al general Miguel de La Torre de comandar las fuerzas españolas en América del Sur. Bolívar aprovechó entonces el armisticio para preparar la gran batalla que debía liberar a Venezuela.

LA BATALLA DE CARABOBO

La batalla de Carabobo tuvo lugar el 24 de junio de 1821. La Torre disponía de 5.000 hombres y Bolívar de 6.500. La Torre logró desviar a los rebeldes hacia el sitio de Carabobo, evitando que avanzaran sobre Caracas. Sin embargo, cometió algunos errores en la disposición de la batalla que fueron aprovechados por los patriotas. Páez realizó unas hábiles maniobras que le dieron ventaja sobre una parte de los españoles y Bolívar lanzó un fuerte ataque contra el resto, logrando la victoria decisiva que estaba deseando. El ejército español en Venezuela había sido liquidado. Bolívar hizo su entrada triunfal en Caracas el 29 de junio, cinco días después de la batalla de Carabobo.

En la batalla de Carabobo murió el coronel Ambrosio Plaza, esposo de Bernardina Ibáñez, y Bolívar siguió infructuosamente tratando de conquistar su amor.

LA CREACIÓN DE LA GRAN COLOMBIA

Después de la batalla de Carabobo, entre julio y

agosto de 1821, se aprobó la Constitución de Cúcuta, también conocida como la Constitución de la Gran Colombia, que estableció la unión de la Nueva Granada (Colombia y Panamá) y Venezuela y definió el sistema de gobierno para esta nueva nación, pero no se contempló el anhelo de Bolívar de establecer un régimen fuerte y centralizado, bajo el mando de un solo hombre. Santander, hombre de leyes, esgrimiría repetidamente esa constitución para oponerse a las aspiraciones dictatoriales de Bolívar.

El 7 de septiembre de 1821 se constituyó formalmente el Estado de la Gran Colombia, integrado por las naciones que ahora son Colombia, Venezuela, Panamá y Ecuador. Panamá era parte de Nueva Granada o Colombia en ese momento y ya Guayaquil había sido liberada un año atrás como producto de una revolución local, por lo que solo estaba pendiente la liberación de Quito.

CAPÍTULO 6.   LA INDEPENDENCIA DE ECUADOR Y PERÚ (1822- 1825)

LA LIBERACIÓN DE QUITO

Bolívar había pensado liberar a Panamá después de Venezuela, pero esta logró su independencia, pacíficamente, el 28 de noviembre de 1821. Entonces Bolívar decidió concentrar sus esfuerzos en la liberación de Quito.

Bolívar no intervino directamente en la liberación de Quito, sino que envió al general venezolano Antonio José de Sucre a liderar ese proceso. No están claras las razones por las que Bolívar le encomendó a Sucre esa tarea, en lugar de asumirla personalmente, pero es evidente que ya confiaba en la capacidad y lealtad de su subalterno, a quien luego mencionaría como su sucesor.

Luego de pasar un tiempo en Guayaquil, logrando el apoyo de la Junta local y realizando algunas batallas contra los españoles, Sucre inició con su ejército, en enero de 1822, el ascenso hacia Quito. El 24 de mayo de ese año venció en Pichincha, asegurando la independencia del departamento de Quito, que más tarde ampliaría su territorio para transformarse en el Estado de Ecuador.

Después de la batalla de Pichincha, Bolívar, quien se

sentía ya cansado y enfermo, desgastado por la intensidad de la guerra, viajó a Quito, donde fue objeto de un caluroso recibimiento. Al llegar, el 16 de junio, se encontró con Sucre, lo felicitó por haber cumplido con su misión, lo ascendió a general de división y lo nombró Intendente del Departamento de Quito. Entre las damas que lo homenajearon en Quito estaba Manuela Sáenz, la que sería, durante ocho años, el último y gran amor de Bolívar. Manuela era ferviente partidaria de la causa revolucionaria y estaba casada con el inglés James Thorne, pero eso no fue impedimento para que hiciese manifiesto su romance con Bolívar. Desde que se conocieron, Manuela comenzó a seguir a Bolívar dondequiera que este fuese. Resultaron inútiles los ruegos de su esposo para que regresase a su lado.

BOLÍVAR SE ENTREVISTA CON SAN MARTIN

El general revolucionario argentino José de San Martin era considerado el libertador de Argentina y Chile y había tomado Lima en julio de 1821. Se encontraba en Guayaquil, tratando de anexar esta provincia a Perú. Bolívar decidió reunirse con él en Guayaquil.

La entrevista tuvo lugar entre el 26 y el 27 de julio de 1822. Los dos libertadores se reunieron a solas, sin presencia de testigos, por lo que no se conoce bien lo que hablaron en esa reunión. Lo cierto es que después de la entrevista, San Martin decidió regresar a Lima, de donde partió luego para Chile, dejándole el camino libre a Bolívar para que se encargase de la independencia de Perú.

Aunque San Martin discrepaba de Bolívar en cuanto al sistema de gobierno que debía establecerse en las naciones liberadas, pues era partidario de una monarquía constitucional con un príncipe europeo y no de una república como quería Bolívar, es muy probable que haya reconocido que carecía de las fuerzas y el apoyo militar necesarios para terminar de liberar a Perú.

Una consecuencia inmediata de la entrevista fue la decisión de Guayaquil, tomada cuatro días después de esa reunión, de declarar su anexión a la Gran Colombia.

LA INDEPENDENCIA DEL PERÚ

Nuevamente, en lugar de asumir personalmente la liberación de Perú, Bolívar le encargó a Sucre ese trabajo. Sucre se trasladó a Lima, entonces en poder de los rebeldes, aunque acosada por las fuerzas realistas, pero se encontró con un ambiente de intrigas y hasta con personajes importantes que no deseaban la independencia sino permanecer bajo el dominio español.

Sucre sintió la necesidad de contar con Bolívar para

hacer frente a la difícil situación que encontró en Lima y este se trasladó a esa ciudad, ayudando entonces a poner orden y a organizar las fuerzas para luchar contra los españoles, comandados por el capitán general José de La Serna. Bolívar le escribió a Santander, desde Lima, expresándole su descontento con los políticos peruanos, de quienes le decía que ni se entendían entre ellos ni él tampoco los entendía.

El 7 de enero de 1824, Bolívar se encontraba en Pativilca, una población al norte de Lima, donde enfermó y tuvo que permanecer durante dos meses tratando de recuperarse. Allí lo visitó Joaquín Mosquera, embajador de Colombia ante los gobiernos de Argentina, Chile y Perú, y viéndolo tan enfermo y enfrentando una difícil situación política le preguntó a Bolívar que pensaba hacer entonces. La respuesta de Bolívar fue breve y contundente: "Triunfar". Tal era la determinación de ese gran hombre, cualidad que lo acompañó a través de todas las vicisitudes de su vida y le permitió alcanzar sus grandes logros.

Todavía enfermo, el 10 de febrero de 1824 el Congreso de Perú lo designó Dictador, para la salvación de la patria. Poco después, el general español Pedro Antonio Olañeta se rebeló en el Alto Perú (hoy Bolivia) contra la autoridad de La Serna y este se vio obligado a trasladarse allí para someterlo. El ejército español quedó entonces dividido y el general José de Canterac fue puesto al mando de las fuerzas que permanecieron en Perú. Bolívar aprovechó esta situación y el 6 de agosto de 1824 venció a los españoles en la batalla de Junín. Fue una rápida pero efectiva batalla, que significó una gran derrota para los realistas.

Inmediatamente después de la batalla de Junín, La Serna regresó a Perú, fue designado virrey y se ocupó de reunir al ejército a su mando. Mientras tanto, Bolívar, separado del mando del ejército por decisión de Santander, aparentemente por haber aceptado la dictadura en Perú, regresó a Bogotá y, por orden de Santander, dejó a Sucre encargado de la situación. Sucre logró vencer a La Serna en la batalla de Ayacucho, el 9 de diciembre de 1824, culminando así la independencia de Perú. Ante esa hazaña, Bolívar decidió promover a Sucre al grado de mariscal, equivalente al de general en jefe.

La independencia de Venezuela, Colombia, Ecuador y Perú estaba entonces asegurada a fines de 1824. Solo faltaba por liberar el Alto Perú, misión que asumió Sucre, siguiendo instrucciones de Bolívar.

LA CREACIÓN DE BOLIVIA

Sucre se trasladó al Alto Perú, donde encontró relativamente poca resistencia, pues el poder y la autoridad del general español Olañeta se encontraban disminuidos después del conflicto con La Serna y, además, se encontraba ya solo, sin el apoyo de otras fuerzas realistas en la región. Olañeta, sintiéndose perdido, ordenó el asesinato de Sucre, pero este intento fue frustrado. El 1º de abril de 1825, Olañeta fue derrotado y herido mortalmente.

Sucre tomó el control del Alto Perú y propuso separarlo del Perú. Bolívar inicialmente no estuvo de acuerdo con la idea, pero luego accedió. Sucre propuso, y fue aprobado, darle el nombre de Bolivia a la nueva nación, en honor del Libertador. El 6 de agosto de 1825 se constituyó formalmente la República de Bolivia y se nombró a Sucre como su primer presidente.

Bolívar llegó a La Paz el 18 de agosto, en medio de grandes homenajes y del regocijo popular. En octubre fue con Sucre a Potosí y en noviembre a Chuquisaca, donde también fueron recibidos con júbilo. A Chuquisaca, que luego recibió el nombre de Sucre en honor al mariscal, los acompañó Simón Rodríguez, quien había vuelto a América al conocer el triunfo de la revolución y Bolívar le había encomendado establecer nuevas escuelas en Bolivia; sin embargo, nunca logró entenderse con Sucre y este prescindió luego de sus servicios. Sucre era muy organizado y metódico y Simón Rodríguez un idealista con aparentemente poco sentido práctico.

LOS HONORES EN PERÚ

Bolívar regresó entonces a Lima, donde también fue objeto de muchas manifestaciones de agradecimiento y reconocimiento por la gran labor realizada, aunque estas demostraciones no eran muy sinceras, como se evidenció poco después.

Desde Lima, Bolívar le envió a Sucre un proyecto de Constitución para Bolivia, en el que había trabajado durante varios meses. Sucre objetó varias disposiciones de ese proyecto, entre ellas la figura de Presidente Vitalicio, la elección de prefectos y gobernadores por votación popular, el sistema federal de gobierno y la concesión de carácter deliberante a la fuerza armada. Sin embargo, la constitución fue aprobada como lo quería Bolívar.

EL MOMENTO CULMINANTE EN LA VIDA DE BOLÍVAR

1825 fue el año culminante en la trayectoria de Bolívar, pero no tardaron en comenzar las adversidades, como veremos a continuación.

CAPÍTULO 7. LOS CONFLICTOS INTERNOS (1826- 1829)

LA OPOSICIÓN A BOLÍVAR

La oposición a Bolívar surgió principalmente a causa de sus ideas, aunque también de las aspiraciones de los jefes de cada nación de no estar sometidos a su mando. Esta resistencia se puede decir que comenzó en Valencia, en Venezuela, en abril de 1826, con la conspiración de "La Cosiata", dirigida al nombramiento de Páez, el hombre capaz de consumar la separación de Venezuela de la Gran Colombia, como jefe superior civil y militar de Venezuela.

Aunque Bolívar creía fervientemente en la democracia, consciente de la inexperiencia política de su pueblo, concebía un sistema político paternalista, con un periodo de transición durante el cual se educaría a la gente para la democracia plena. Era partidario de un gobierno central fuerte, y esto hizo que muchos lo vieran como un dictador, con pretensiones de convertirse en un nuevo monarca.

Su sistema de gobierno ideal para nuestros países era un híbrido entre el de la monarquía inglesa y el de la república de los Estados Unidos, con algunos rasgos del Senado romano. No logró Bolívar convencer a sus compatriotas de adoptar este sistema, ya que siempre prefirieron una democracia más popular y fuerte, del tipo que se había establecido en los Estados Unidos.

Bolívar pensaba también que era necesaria la unión de las naciones hispanoamericanas para contrarrestar el inmenso poder de los Estados Unidos que él anticipaba, como en efecto ocurrió. Este pensamiento unificador chocaba, por supuesto, con las aspiraciones de los caudillos y dirigentes nacionales de actuar de manera independiente, en un ámbito más reducido en el que tuviesen más oportunidades de hacerse con el poder.

EL CONGRESO DE PANAMÁ

Bolívar continuó tercamente con su plan de unir a toda la América hispana y convocó el Congreso de Panamá, idea en la que venía trabajando desde 1824.

Bolívar invitó a todos los países de América, incluyendo a Estados Unidos como observador, e invitó también, en calidad de observadores al Reino Unido y a los Países Bajos.

Varios países declinaron la invitación y solo asistieron representantes de: la Gran Colombia (que abarcaba los actuales estados de Colombia, Venezuela, Ecuador y Panamá), Perú, México, y las Provincias

Unidas del Centro de América (que comprendía las actuales repúblicas de Guatemala, El Salvador, Honduras, Nicaragua y Costa Rica). Estuvo presente un observador de Inglaterra y otro observador, delegado de Estados Unidos, llegó tarde a las sesiones.

El Congreso se instaló en la ciudad de Panamá el 22 de junio de 1826 y dejó de sesionar el 15 de julio de ese año. Tanto la falta de asistencia de varios países, entre ellos Argentina y Chile, como las fuertes discusiones que se generaron en el Congreso hicieron evidente tanto la enorme dificultad de lograr la unidad hispanoamericana como el clima político contrario a las ideas de Bolívar, sobre todo por parte de los representantes de Perú.

Finalmente, cuando en Bolivia también cesó el gobierno del mariscal Sucre, se desvaneció todo interés en el proyecto unificador de Bolívar.

LA SEPARACIÓN DE COLOMBIA Y VENEZUELA

En el seno de la Gran Colombia también comenzaron a manifestarse pronto las intenciones de romper con la unidad. La unión había sido necesaria mientras se luchaba contra España, el enemigo común, pero en 1826, una vez terminado ese conflicto, los dirigentes de cada país expresaron su inconformidad de seguir unidos.

Las principales tendencias separatistas ocurrieron entre Venezuela y Colombia, pues los jefes las nuevas naciones, Páez y Santander, tenían visiones muy diferentes sobre el sistema político que se debía aplicar y, además, Páez no quería estar sometido a la autoridad de un colombiano.

BOLÍVAR EN CARACAS POR ULTIMA VEZ

El 4 de enero de 1827, Bolívar llegó a Caracas y fue recibido con gran entusiasmo. Procuró apoyar la autoridad de Páez y trató de lograr la conciliación entre este y Santander, pero si bien aparentemente tuvo algún progreso en las conversaciones con el primero, con Santander siguieron agravándose las diferencias. El 5 de julio regresó a Colombia. Nunca más volvería a Venezuela.

LA CONVENCIÓN DE OCAÑA

Entre el 9 de abril y el 10 de junio de 1828 se desarrolló en la ciudad colombiana de Ocaña una asamblea constituyente con el propósito de reformar la Constitución de Cúcuta, aprobada en agosto de 1821.

La convención fue una confrontación entre los partidarios de Bolívar y los partidarios de Santander. Finalmente, ésta no pudo terminar como estaba planeado, porque los seguidores de Bolívar se retiraron. Bolívar, en un esfuerzo por mantener una unidad que ya había sido socavada, inició un período dictatorial el 27 de agosto de 1828. En el decreto que dio origen a su dictadura, Bolívar eliminó el cargo de vicepresidente, que ocupaba Santander, y lo designó embajador en los Estados Unidos; Santander aceptó la designación, pero no hizo ningún intento por marcharse pronto.

EL INTENTO DE ASESINATO

El conflicto entre Bolívar y Santander llegó a tales extremos que el Libertador sufrió un intento de asesinato, el 25 de septiembre de 1828, que tuvo todas las características de haber sido ordenado por Santander. Bolívar salvó la vida en esa oportunidad gracias a la intervención decisiva de Manuela Sáenz, ya definitivamente separada de James Thorne, quien logró ayudarlo a escapar mientras distraía a los conspiradores. Bolívar dijo entonces que Manuela era "La Libertadora del Libertador".

En los juicios seguidos luego del atentado, Santander fue condenado a muerte, pero Bolívar le perdonó la vida y lo desterró.

LOS ENFRENTAMIENTOS ENTRE COMPAÑEROS DE ARMAS

Los intereses políticos y las ambiciones personales,

entre otros factores, causaron que 1829 se caracterizara como un año de graves enfrentamientos entre los jóvenes militares que habían luchado juntos por la liberación de sus países.

A comienzos de ese año, luego del deterioro de las relaciones entre Perú y la Gran Colombia, el presidente de Perú, general José La Mar, dirigió sus tropas hacia Ecuador, ocupando Guayaquil, con la intención de anexarla al Perú. A la vez, los generales colombianos José María Obando e Hilario López se sublevaron contra la autoridad de Bolívar y este decidió hacerles frente, designando a Sucre para la defensa de Guayaquil.

Sucre logró vencer a La Mar, quien estaba apoyado por el también general peruano Agustín Gamarra, en la batalla de Tarqui, cerca de Cuenca (Ecuador), el 27 de febrero de 1829. Tanto La Mar como Gamarra habían sido oficiales de Sucre en la batalla de Ayacucho.

Otro héroe de Ayacucho, el general colombiano José María Córdoba, le aconsejó al Libertador que dejara la dictadura y perdonara a los rebeldes López y Obando. Bolívar se molestó con esas sugerencias y aceptó negociar con los rebeldes, pero designó a Córdoba para un puesto inferior al que tenía, lo que ocasionó la renuncia y posterior rebelión de este, hasta que fue derrotado por el general irlandés Daniel Florencio O'Leary, ayudante de campo de

Bolívar, y asesinado a sablazos, el 17 de octubre de 1829, por órdenes de O'Leary.

Ante la gravedad de estos acontecimientos, Bolívar decidió consultar al pueblo sobre el sistema de gobierno que querían tener, pero esta decisión no tuvo ningún efecto práctico.

CAPÍTULO 8.　　EL ÚLTIMO AÑO (1830)

BOLÍVAR RENUNCIA COMO PRESIDENTE DE LA GRAN COLOMBIA

Ante los acontecimientos de 1829 y la fuerte oposición en su contra, Bolívar decidió renunciar como presidente de la Gran Colombia. El 2 de enero de 1830 dirigió su último mensaje al pueblo de esta nación. En ese mensaje, hizo un ruego a sus compatriotas para que permanecieran unidos y preservasen la unidad de la Gran Colombia.

Entre el 20 de enero y el 11 de mayo de 1830 se reunió en Bogotá el llamado Congreso Admirable, convocado por Bolívar para evitar la disolución de la Gran Colombia y para el que Sucre fue designado presidente. Los venezolanos ni siquiera aceptaron asistir a este congreso, pues no querían seguir unidos a Colombia y tampoco aceptaban las aparentes intenciones de Bolívar de hacerse nombrar Presidente Vitalicio de la unión de los tres países. La disolución de la Gran Colombia ya era un hecho irreversible. Fue una alianza circunstancial que Bolívar, equivocadamente, pretendió perennizar.

Bolívar presentó su renuncia el día de la inauguración del congreso, pero el Congreso la rechazó argumentando que ese tema no estaba dentro de las facultades por las que fue convocado.

Bolívar, entonces, renunció formalmente a la presidencia el 27 de abril de 1830.

Tanto Santander como Páez acusaron a Bolívar de haber reinado como un dictador y asumieron el poder de sus respectivos países, dando así por finalizado el experimento de la Gran Colombia.

BOLÍVAR DECIDE IRSE A EUROPA

Después de renunciar, Bolívar decidió irse a Europa. Se sentía no solo desorientado y derrotado políticamente sino muy enfermo, sin saber cuál era el mal que lo aquejaba. Una vez más, Bolívar vio en Europa un refugio y una oportunidad para rehacer su vida.

El 6 de mayo Bolívar salió de Bogotá y el 16 de ese mes inició la navegación por el rio Magdalena. Manuela Sáenz se quedó en Bogotá, sin que se conozcan bien las razones de la separación de ambos, que sería definitiva.

El 1º de julio, ya en Cartagena, Bolívar recibió la mala noticia del asesinato de Sucre. Este fue a despedirse de Bolívar en Bogotá y no encontrándolo decidió regresar a Quito, donde vivía con su esposa e hija, pero fue asesinado en el camino, por órdenes de Obando, como venganza contra Bolívar y para acabar con el posible sucesor de este. La muerte de Sucre fue un golpe muy duro para Bolívar, pues lo consideraba su amigo, su colaborador más fiel y capaz y su heredero espiritual y político. Para Bolívar, la muerte de Sucre era el fin de la revolución.

Bolívar se encontraba ya muy enfermo, sin condiciones para hacer el viaje a Europa, y luego de varios intentos por buscarle un lugar propicio para descansar fue trasladado a Santa Marta.

LA MUERTE EN SANTA MARTA

Bolívar llegó a Santa Marta el 6 de diciembre de 1830 y se hospedó en la Quinta San Pedro Alejandrino, puesta a su disposición por don Joaquín de Mier, español fiel a la causa independentista.

Aunque ya lo habían visto otros médicos, el cirujano de guerra colombiano Alejandro Próspero Reverend, nacido en Francia, fue llamado para atender a Bolívar, junto con el cirujano estadounidense George MacNight. Al llegar a Santa Marta, el Libertador sintió que se estaba recuperando y se mostró optimista y deseoso de seguir viaje a Europa, pero pronto la enfermedad lo fue desgastando.

En medio de la gravedad de su situación, Bolívar llegó a expresar: ¿Cómo hago para salir de este laberinto? Esta frase fue aprovechada por el gran escritor colombiano Gabriel García Márquez para servirle de tema de fondo, más de 150 años después de la muerte de Bolívar, para su novela "El general en su laberinto".

Los médicos que lo atendieron constataron que tenía una seria condición pulmonar, pero no llegaron a diagnosticar que tenía tuberculosis, la misma enfermedad que mató a sus padres y a su amante Pepita Machado. La tuberculosis es una infección, causada por una bacteria, que principalmente afecta a los pulmones. Los síntomas de la tuberculosis incluyen tos, pérdida de peso, pérdida de apetito, debilidad o fatiga, fiebre y sudores nocturnos. Hoy día existen drogas que pueden curar la enfermedad en un plazo de seis a nueve meses, hasta que la bacteria desaparezca, pero obviamente en esa época no se disponía de esos recursos y ni siquiera era fácil diagnosticar la enfermedad.

Bolívar murió el 17 de diciembre de 1830, a los 47 años, poco después de la una de la tarde. Lo acompañaban los generales venezolanos Mariano Montilla, José María Carreño y José Laurencio Silva, el dueño de la casa, su servidor José Palacios, varios amigos y el notario Catalino Noguera, quien hizo registro de su testamento.

A pesar del fracaso político en sus últimos años de vida, Bolívar murió como el gran libertador de seis naciones, hazaña que logró en apenas doce años de guerra.

Como es natural, las personas que tuvieron más

relación con Bolívar, y lo sobrevivieron, fueron muriendo, unos relativamente pronto y otros bastante más tarde. El primero en salir de la escena fue Monteverde, en 1832, y le siguieron la negra Hipólita en 1835, Morillo en 1837, Santander en 1840, su hermana María Antonia en 1842, La Torre en 1843, su hermana Juana en 1847, Mariño y Simón Rodríguez en 1854, Manuela Sáenz en 1856 y Páez en 1873.

Páez murió cerca de cumplir los 86 años y fue el hombre más importante de Venezuela durante más de dos décadas. A pesar de sus diferencias políticas con Bolívar, siempre reconoció la grandeza del Libertador y supo honrar su memoria. Atendiendo a la voluntad de Bolívar y a la solicitud de su hermana María Antonia, hizo que sus restos fuesen trasladados a Caracas en 1842, aunque María Antonia murió dos meses antes de que los restos de su hermano fuesen depositados en la Catedral de Caracas. Luego, en 1876, después de la muerte de Páez en Nueva York, los restos de Bolívar fueron depositados en el Panteón Nacional, por disposición del presidente Antonio Guzmán Blanco.

APÉNDICE

BOLÍVAR, WASHINGTON Y NAPOLEÓN

Bolívar coexistió con otros dos grandes líderes militares y políticos de la historia, George Washington y Napoleón Bonaparte, aunque el primero era 52 años mayor que él y el segundo 14. Son muy difíciles las comparaciones, sobre todo teniendo en cuenta las grandes diferencias en el contexto en el que se movió cada uno de ellos, pero podemos intentarlo.

Bolívar, al igual que Washington, era miembro de una importante familia de terratenientes, pero Napoleón perteneció a una familia de recursos limitados.

Bolívar era bajo de estatura, como Napoleón, y de porte casi insignificante, mientras que Washington era un hombre muy alto e imponente.

Bolívar, aunque tuvo unos buenos tutores, recibió una instrucción militar limitada y Washington apenas estudió las primeras letras y prácticamente no tuvo ninguna formación militar, mientras que Napoleón tuvo mejor educación formal que los otros dos, estudiando en los mejores colegios militares de Francia.

Aparte de la mayor o menor educación formal que

puedan haber recibido, los tres se volvieron hombres bastante cultos por su gran afición a la lectura.

Curiosamente, estos tres grandes personajes fueron masones, como era costumbre en la época, pero este hecho no parece haber ejercido mayor influencia ni en su formación ni en sus ideas.

Los tres destacaron como héroes militares, aunque Napoleón goza de mejor reputación como estratega. Sin embargo, sus objetivos fueron muy diferentes, pues mientras Washington dirigió la independencia de los Estados Unidos y Bolívar liberó a seis naciones del dominio español, Napoleón dio un golpe de estado en su país y trató de conquistar otras naciones de Europa.

Los tres, por supuesto, eran hombres de mucho carácter, aunque Washington se preocupaba más por comportarse con muy buenos modales y causar buena impresión en los demás. Napoleón y Bolívar eran más ambiciosos y daban frecuentes muestras de arrogancia, mientras que Washington fue siempre más discreto.

A pesar de sus diferencias de personalidad, todos supieron rodearse de buenos colaboradores y fueron muy leales con ellos, pero no dudaron en apartar a alguien de su lado cuando tuvieron que hacerlo.

Los tres gobernaron en sus respectivas naciones después de sus éxitos militares, pero Washington fue claramente el mejor gobernante de los tres. La gestión de Washington como presidente fue ampliamente reconocida, resultando reelecto para un segundo período y quizás habría podido también tener un tercer período si hubiese querido. Napoleón, por el contrario, cuando alcanzó el momento cumbre de su carrera y se convirtió en soberano de una vasta porción de Europa, se empeñó en someter a España, Rusia e Inglaterra y fracasó en el intento. Bolívar, por su parte, fue considerado un dictador y su gestión fue rechazada violentamente.

Napoleón murió en el destierro y Bolívar cuando iba en camino a él, pero Washington murió, en su casa de Mount Vernon, gozando del aprecio de sus conciudadanos.

Bolívar, más joven que ellos, fue un admirador tanto de Washington como de Napoleón. Presenció la coronación de Napoleón en París, en 1804, y mostró gran interés en leer las obras que se escribieron en su época sobre el héroe francés, aunque desaprobaba que se hubiese hecho coronar emperador. Tuvo también en alta estima un presente que recibió de familiares de Washington y que había pertenecido al padre fundador de los Estados Unidos.

BIBLIOGRAFÍA

ARRAIZ LUCCA, Rafael. *Historia política de Venezuela: 1498 a nuestros días*. Universidad del Rosario, Bogotá, 2013

BUSHNELL, David. *Simón Bolívar, proyecto de América*. Universidad Externado de Colombia, Bogotá, 2007

CABALLERO, Manuel. *De la "Pequeña Venecia" a la "Gran Venezuela"*. Monte Ávila Editores Latinoamericana/ Vicerrectorado Académico Universidad Central de Venezuela, Caracas, 1997

HERNANDEZ, Ramón. *José Antonio Páez*. Biblioteca Biográfica Venezolana, Vol. 69, Caracas, 2007

LIEVANO AGUIRRE, Indalecio. *Bolívar*. Ediciones Cultura Hispánica, Madrid, 1983

LYNCH, John. Simón Bolívar: a life. Yale University Press, 2006

MADARIAGA, Salvador. *Bolívar*. Espasa- Calpe, 2 vols., Madrid, 1979

MIJARES, Augusto. *El Libertador*. Fundación Mendoza, Caracas, 1964

PEREZ CAPIELLO, Álvaro. *El periodo independista*. En Tierra Nuestra: 1498- 2009, Tomo I, Capitulo VII, páginas 159- 172, Fundación Venezuela Positiva, Caracas, 2009

PINO ITURRIETA, Elías y otros autores. *Historia mínima de Venezuela*. Fundación de los Trabajadores de Lagoven, Caracas, 1992

PINO ITURRIETA, Elías. *Simón Bolívar: Esbozo biográfico*. Editorial Alfa, Caracas, 2012

QUINTERO, Inés. *Francisco de Miranda*. Biblioteca Biográfica Venezolana, Vol. 25, Caracas, 2006

SILVA ARISTEGUIETA, Alberto. *Antonio José de Sucre*. Biblioteca Biográfica Venezolana, Vol. 19, Caracas, 2005

TARVER, H. MICHEAL y FREDERICK, Julia C. *The history of Venezuela*. Palgrave MacMillan, Nueva York, 2006

Made in the USA
Middletown, DE
22 July 2019